框架外的我，就是這麼可愛

쌍년의 미학, 플러스

민서영
閔瑞瑛————— 著
————— 劉宛昀 譯

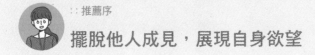

擺脫他人成見，展現自身欲望

　　我曾聽別人說過，如果在漫畫家聚會上看見一位很顯眼的人物，那一定是閔瑞瑛。原本還懷疑會有這種人嗎？沒想到真的有。我一眼就認出來了。

　　用「特立獨行」來形容她也許有點老掉牙，但卻是最適切的形容詞。本身就是「特立獨行」代名詞的閔瑞瑛，出版了《狂女的逆襲》[1]這本書名如此顯眼的漫畫集。我忍不住揣測有多少人因此拚命對她的人生說三道四。

　　即便如此，她並不因此而屈服，更再次以相同系列創作了第二本書，這樣的行動力與自信心著實帥氣！

　　透過這系列的書，我們瞭解作者在第一本書中所說的「狂女」是指不會隱藏自身欲望的女人。

　　如果原本就認為自己不該被罵「狂女」，那後來是否被人這麼罵過，其實也不太重要了。但假如在瞭解了「狂女」、「強勢」、「潑辣」等詞，是用來羞辱有主見（態度不親切）的女性、削弱她們話語權的用語後，發現自己不曾被如此辱罵過，那才應該要生氣。

其實仔細想想，發現用「特立獨行」這樣的話來形容女性，也是帶有先入為主觀念的說法。即便我唸了再多書，很多時候仍然難以擺脫既定的成見。作者在序中表示自己並不想出版續集，但是對於還有很多需要學習的我來說，能再次遇見《狂女的逆襲》系列，是令人欣喜又感激的事。

《身為媳婦，我想說_____》作家 修申智

譯註①：《狂女的逆襲》韓文書名《쌍년의 미학》原意為「賤人的美學」或「婊子的美學」，將用來咒罵、貶抑女性的「賤人」（쌍년）一詞作為書名可說是相當直白。

:: 目次

Part 1

妳如此特別，身上每一處都在提醒妳：「妳很不錯！」

Part 2

這世界有很多令人不滿的地方，但只要我們團結一致，就能對抗全世界！

Part 3

因為身為女人，
所以覺得當女人很有趣！
要不要一起來當女人？

男女生活大不同

15歲前

15歲後

＊註釋：YouTube頻道網紅Bokyem TV創作者金保謙，結合本名「Bokyem」與類似「哈囉」之意的網路問候語「Hiru」，創造了獨特的打招呼流行語「Boiru」。由於後來金保謙涉及約會暴力案件，「Boiru」開始成為帶有貶意的詞。

25歲前

25歲後

35歲前

35歲後

喔，是～總經理～

喔，是老師，
小孩發燒了啊？
很抱歉，
我馬上過去！

45歲前

45歲後

55歲前

55歲後

部長，
恭喜您退休～

一共是
43,900韓圓～

65歲前

65歲後

（左思右想後才寫下這篇文章，因此即使有些令人不快，也請讀到最後。）

　　我希望男人也是如此。我希望男人每天早上為了出門而必須提前兩小時起床。因為頭髮很長，洗髮、吹乾需要一小時，瀏海上了髮捲後再化妝，又需要一小時。可是不能讓女人感覺太強勢，所以要選擇最柔和的色調，一筆一畫用心呈現出彷彿未上妝般的妝容。

　　我希望男人不化妝的時候，有人會問他是否身體不舒服；用心化妝的時候，有人會念他看起來像個酒家男一樣。穿著舒適的衣服時，有人會叫他好好打扮一下；精心打扮出門時，有人會調侃他穿這麼漂亮是要給誰看。

　　我希望男人也會聽到「你穿得清涼一點才會受歡迎」這種話。所以即使天氣再冷也只能穿一層薄絲襪搭熱褲，或是穿上迷你裙，再把自己塞進一件不到一個虎口長度的短上衣。也希望男人因為穿著過緊的皮鞋，導致雙腳飽受拇指外翻、足底筋膜炎之苦，或是高跟鞋穿著穿著就把腳踝扭傷了。而且別說是跑步，連走路都不敢好好走，只能踩著碎步前進，只要步伐稍微大一點，有人就會批判他一個男孩子怎能這樣走路。

　　我希望男人會因為社會期待他們身材纖細，而硬拖著體重過低的身體去運動，在餓了一整天後，陷入半夜暴食又嘔吐的

循環中。這還不夠，希望男人買各式各樣來路不明的減重食品和藥物來吃。

我希望肥胖邋遢醜陋的女人和打扮帥氣的男人能成為普遍的組合。我希望擁有一個懂得打扮的男友，對女性來說是代表有能力而備受推崇的事。我希望男人會因為害怕女友散布兩人性愛影片而擔心。我希望男人在分手後，會因為害怕被跟蹤、害怕臉被潑鹽酸而驚恐不已。我希望男人無時無刻都受到厭男犯罪的侵害，而且如果他們表現出對厭男行為的憤怒，反而會遭到暴力相向。

我希望男人整天都看著那些出現在媒體上，擁有不可思議漂亮外貌、纖瘦身材的男藝人，一面想著自己為何不是那樣，而因此感到自卑。我希望男人看著那些擔心表演服過短、內衣褲會走光，而必須穿上安全褲跳舞的男偶像。我希望男人處在一個四處充斥對男性脅迫、強制拖行，並以暴力來表達愛意等情節的戲劇與電影的環境。我希望他們只因為身為「男性」，而被要求撒嬌或叫女人一聲「姐姐」[2] 時也得照做。我希望大家罵男人的時候，別忘了使用「泡菜男」、「大醬男」、「爸蟲」[3]等字眼。

譯註②：部分韓國男性會以不當的態度要求女性稱自己「哥哥」，可能令女性感到感到不快或有遭到騷擾的感受。
　　③：「泡菜女」、「大醬女」與「媽蟲」等是用來辱罵女性的用語。

我希望男人從一出生就聽別人批評他的臉怎麼長這副德性。我希望男人出門時把他們少少的頭髮硬是用髮帶紮起來。我希望男孩能玩的玩具只有化妝品、娃娃，如果他們把玩機器人、火車，就會被指責不像男孩子。我希望在操場運動是女孩的特權，而男孩被禁止出入操場。我希望上小學的女孩們，會以「Jairu」④向彼此打招呼。

　　我希望男學生的校服，是緊到快令人窒息的上衣、短到不能再短的褲子，並設計了用來收納脣膏的口袋，到了下課時間還要拿著捲髮器用心捲髮。我希望學校的聊天群組裡每天都在談論班上、系上男生中誰最漂亮、誰最帥，針對他們大開有性暗示的玩笑。我希望男學生如果用功讀書，就會被人說太強勢。我希望努力念書的學生，在成長過程中一直聽別人說「男人只要娶到好人家就是最好出路」這種話。我希望男學生即使在考試期間，也必須研究適合搭配眼鏡的妝容。

　　我希望男人求職時，只因為他身為男人而落選。我希望男人的能力僅因為性別的緣故而受到低估。我希望男人因為聽過太多次「以男人來說……」、「男人是……」與「因為是男人……」，而漸漸對這些話感到麻痺。我希望男人面對女上司的性

騷擾只能以尷尬的微笑帶過。我希望男人在公司聚會結束後，只能默默看著女性職員到牛郎店續攤。我希望男人因為無法在女同事們的聚會中湊一腳而無法升遷。

我希望男人年屆三十就被稱作「剩男」，並時時刻刻被拿來和年輕男人比較。我希望男人若未婚，便有人質疑他們是眼光太高或是本身有問題；若是已婚，就得聽人批評自己是靠老婆吃飯。我希望男人會認同婚姻是「愛情的墳墓」、「娘家生活即是裝瞎三年、裝聾三年、作啞三年」⑤等俗語。我希望男人感受到懷孕生子的十個月有多麼艱苦，覺得自己當初受到表面的幸福所矇騙。我希望男人生了孩子後職涯就此中斷。我希望他們的太太四處向人抱怨先生和以前不同了，並感受一下發現太太劈腿、買春的錐心之痛。我希望男人雖然負責育兒與家務，但他們的勞動價值卻遭貶低。我希望男人因為太太一人的收入不足以負擔家計，只好出門兼職，但其勞動價值依然不受重視。我希望男人不得不安慰自己「至少太太還不會動手，已經算好人了」，否則無法繼續撐下去。我希望男人即使想要離婚，也因為經濟能力受制於妻子而無法獨立生活。

我希望即便男人犯下與女人相同的罪行，女人可以利用各

譯註④：韓國女性主義者網站所創相對於「Boiru」的流行用語。
　　⑤：原俗語為「婆家生活即是裝瞎三年、裝聾三年、作啞三年」。

種藉口，獲判三年刑期即出獄，男人卻因為承認故意犯行，而遭判三十年刑期。我希望假如女人犯下性侵罪行，就辯稱是受到身為受害者的男性所誘惑，並一邊嚷嚷著女人原本就是狼，同時訓斥對方別以偏概全。我希望男人因擔心遭偷拍而無法安心上廁所，而且對他們來說比起走夜路，更令人害怕的是周圍的女人看起來都像潛在罪犯。我希望當女人是加害者時，檢警會出面保護她，然而男人是加害者時，卻成了引發全國民眾撻伐的對象。

我希望參與男性人權運動的人，被批評成因為不受女人歡迎才發瘋、是又胖又醜的男人。我希望男人提倡男權時，有人責備他們只願享受權利，而不願承擔義務。

我希望男人也是如此。

如此一來，這世上的女人才能不再忍受這一切。

2019 年 6 月
閔瑞瑛

Part 1

妳如此特別，
身上每一處都在提醒妳：
「妳很不錯！」

什麼～周炫，妳已經26歲了？
比我想的還老耶！

哪有啊，
26歲哪算老～

哎喲，拜託～妳沒聽過人家把女人
比喻成聖誕節蛋糕嗎？
在24之前價格最高，25以原價賣，
到了26只能跳樓大拍賣了！

男人不也是
一樣嗎？

喔，男人就不同了，男人呢！
妳沒聽人家說男人像紅酒一樣嗎？
男人是時間越久，味道越來越
那個、越來越香醇啦～

哪是啊，店長你是韓國人，
所以不是紅酒是米酒吧～
時間久了
就臭酸到不能喝的米酒。

1. 穿內衣時

齁，那女生的內衣肩帶透出來了！

2. 黏胸貼時

為什麼沒看見內衣肩帶？

是沒穿內衣嗎？

3. 什麼也沒穿時

請少管別人的奶。

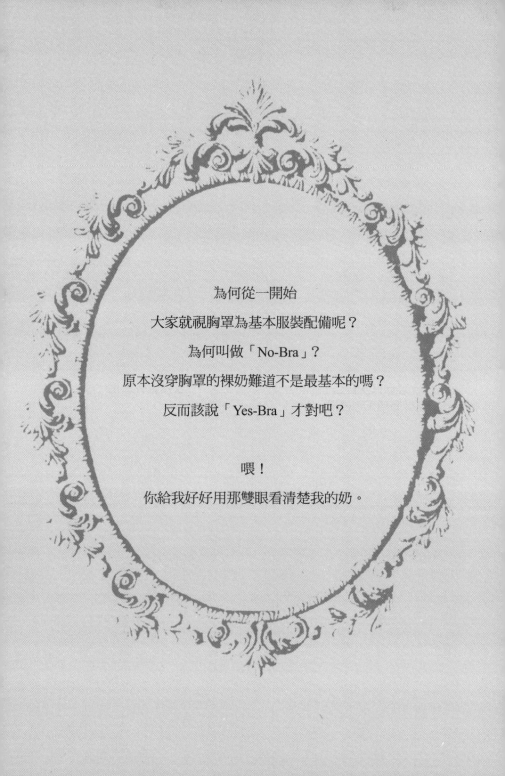

為何從一開始

大家就視胸罩為基本服裝配備呢？

為何叫做「No-Bra」？

原本沒穿胸罩的裸奶難道不是最基本的嗎？

反而該說「Yes-Bra」才對吧？

喂！

你給我好好用那雙眼看清楚我的奶。

為了躲避天敵，
生物會以各式各樣的偽裝
來保護自己。

人類也不例外。
運用鮮艷的警戒色

DIY漂色
6千韓圓

X巴克咖啡
4千韓圓

路邊攤耳環
1萬韓圓

合成皮夾克
5萬韓圓

X&m裙子
特價7千韓圓

香奈兒風皮包
1萬韓圓

可以保護自己
免於受到天敵侵擾。

香XX包、星X克……
根本就是拜金女吧？

當然也有這種

我喜歡那種
樸素的女人～

運用保護色的方法。

清潭洞髮廊
頭皮按摩、造型
約30萬韓圓

羅蘭大衣
約3百萬韓圓

x克雅寶耳環
約2百萬韓圓

x浪凡洋裝
約2百萬韓圓

x馬仕皮包
約1千萬韓圓

手沖咖啡
約1萬韓圓

然而無論採取任何方式
都無法躲避天敵的視線。

是男的還女的？

喔～No-Bra
（科）厲害喔。

我覺得短髮的
女生比較性感。

女生就要肉肉的
才夠味啊。

不化妝
比較漂亮吧？

因此最有效的方法

就是殺死天敵。

2　不論性別都一樣，打造自己的勇氣

公孔雀▲

母孔雀▶

◀公獅

母獅▶

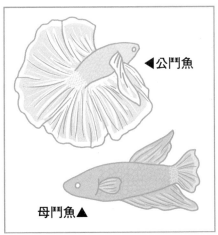

◀公鬥魚

母鬥魚▲

公人類
▼

母人類
▼

〈女性的自然〉

若有似無

自然妝感

〈男性的自然〉

我是自然人

nat·ural

形容詞
1.（非人為製造的）自然（天然）的
2. 自然發生的，正常的，當然的

出處：牛津英語辭典

女星減肥前後對比
呈現驚人變化

〔朝中日報〕2018.05.07 18:55

所有留言 107

💬 瘦太多了，不喜歡。

💬 以前比較好看。

💬 年輕的時候有點肉肉的很可愛。

　現在老了變醜了。

💬 太瘦了，好心疼QQ為什麼要減肥。

💬 欸～看起來像動過手術，是打針了？
　「抽脂。」

💬 和影片裡看起來差很多耶。

💬 好像一踢就會斷掉一樣。

歌手減肥成功變身「暖男」

〔阿宅網〕2018.05.07 13:05

所有留言 32

💬 暖男認證。

💬 瘦下來好看多了。

💬 臉都小一半了。

💬 哪裡看得出來是暖男？
　「請不要隨意評論別人的外表。」
　「你去照照鏡子吧！」

💬 原來是匹黑馬啊！

💬 之前對他的印象是有點可愛，現在是
　很俐落的感覺♥

啊～好想認識女生。
好想交女朋友啊～

欸，到底要怎樣
才能交到女朋友啦？

首先要靠運動和調整飲食雕塑身材，也要保養皮膚、好好洗澡，出門要穿乾淨的衣服。

這樣的話
女生就會喜歡嗎？

至少不會像現在
那麼討厭你。

唉～要是我天生
也是那樣子就好了。

為什麼？

只要好好洗澡、偶爾穿好看
一點，大家就會稱讚他了啊。

也對～

可是他們為什麼
連這麼簡單的事都做不到？

等等。

妳是在說狗
還是在說男人啊？

我真的很好奇能說出
「像我這樣的人算很不錯了吧～」
這種話的人，

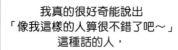

是臉長得很帥嗎？
身高很高嗎？
身材很好嗎？
很會打扮嗎？
很乾淨嗎？
聞起來是香的嗎？
雞X很大嗎？
很硬嗎？
床上功夫好嗎？
懂得安全嗎？
小心謹慎嗎？

還是很會講話呢？
行為端正嗎？
心理健康嗎？
講話不會語帶歧視嗎？
遵守禮節嗎？
有教養嗎？
見識廣嗎？
是知識分子嗎？
有像樣的嗜好嗎？
有錢嗎？
很會賺錢嗎？
很愛家嗎？
懂得持家嗎？

最重要的是，懂得尊重女人嗎？

假如沒有符合
以上任何一個條件，
怎麼敢說自己不錯？

神啊！請賜我優質的男人

　　聽說過電影演員克里斯・漢斯沃（Chris Hemsworth）嗎？也許「漢植」⑥或「索爾」這兩個名字更耳熟能詳。你大概會好奇突然提到他的理由，這是因為我想談談他所飾演的角色「索爾」。大部分的人可能認為「索爾」不過是個常見的頭腦簡單、力大無窮又過度自信的硬漢（某種程度上來說是沒錯），但我之所以認為這位一頭金色長髮的人物很珍貴是有原因的。原因就是，即使他那身肌肉緊實的身軀套上了俐落的盔甲，手裡揮著雷神之鎚，還一面使勁裝帥，仍然掩不住他的那股傻裡傻氣。

　　怎麼會有這種渾身肌肉、四處發散性感魅力，同時又像個純真少年般天真爛漫的男人？漢斯沃就是靠著此一角色，在一部又一部的漫威系列電影中，走出與既有男性角色不同的路線，並創造事業高峰。後來漢斯沃又接連扮演多個類似「索爾」這種行動先於思考的性感角色，在國內也得到了「漢植」這樣的暱稱，獨佔眾多女性粉絲的寵愛。

　　而他在電影《魔鬼剋星》（*Ghostbusters*，2016）更將此形象發揮到極致。這部電影是1984年上映的《魔鬼剋星》翻拍電影，與過去不同的是，原本四位主角清一色為男性，只有一

譯註⑥：漢植（한식이）：「漢」音似倉鼠（Hamster）的英文發音，令人聯想到可愛的形象，而「植」常見於韓文名，帶有一點韓國的鄉土味。韓國觀眾將兩字結合，為克里斯・漢斯沃取了一個具有韓國特色的暱稱。

位扮演花瓶角色的女性登場，但新電影中主角全換成女性，擔任花瓶的角色則成了男性，而那位男花瓶正是由漢斯沃飾演。

　　他實在太傻了，嘴裡明明嫌別人太吵，卻以手捂住眼睛（真的出現這種畫面）！他到處闖禍、為主角們製造麻煩，不過一看見他俊秀的臉蛋、性感健美的身材，說真的，也只能讚嘆他實在太可愛了。我的腦中突然閃過這個想法，說不定擁有俊美外表、雕像般身材，再加上一點傻氣，笑起來又好看的男人，就是女人們最渴望的理想男性類型。儘管他近期似乎忘卻了自己的角色（？），言行有些令人不悅，但他確實透過這些作品，鞏固了「金髮蠢蛋」（dumb blonde）*的形象。

　　然而，外表漂亮、身材姣好、有點傻愣卻愛笑的人……咦？這不正是男人們所嚮往的女性形象嗎？假如將女性代入的話，感覺會比男性更自然，我想應該不是只有我這麼覺得吧。

　　其實男人一開電視，不對，應該說只要一走上街，四處都能看見遭到商品化的女性：由一個又一個的漂亮女孩組成，隨著「我是無知少女」的歌曲節奏跳舞的女子偶像團體、或是穿著貼身連身裙在宣傳課程的補習班女老師們、甚至在石床的廣

---

*註釋：英文是「愚蠢的金髮」之意。在過去是以瑪莉蓮‧夢露（Marilyn Monroe）或碧姬‧芭杜（Brigitte Bardot）等演員飾演的角色為代表，意指金髮的白痴，是常用來嘲諷金髮女人，充滿偏見的詞。

告看板中，也有身穿緞面睡衣躺在床上的外國女人。雖然偶爾會因此皺個眉、多看幾眼，但老實說已經太習慣了，於是不當一回事。

就這樣，我偶然地，真的是偶然地看見了男性被物化的樣子，竟也不自覺「嚇」地驚呼了一聲。看著帥哥露出無害的笑容，彷彿是看見了幼貓般，感受到一股安樂，我的內心變得平靜如水。

但這情況僅是鳳毛麟角罷了，無論在何種媒體，要找出將男性「性」商品化的例子根本是比登天還難的程度，剩下的只有各種長得像昆蟲的搞笑男藝人、勉強被冠上另類美男稱號的瞇瞇眼男演員，以及身材瘦到彷彿被榨乾般的男偶像而已。當然，在媒體以外的現實世界更令人絕望。難道不認為這太不公平了嗎？

我們也想看帥氣的男人！相貌俊秀、嚴以律己、認真負責、不耍嘴皮的那種男人！我們想要的不過是「優質的男人」而已，有這麼難嗎？（也對，姑且不論優質與否，對方不是罪犯就該謝天謝地了）

說實在，如果這世上所有人都不對他人抱有期待，那應該很快樂吧！但遺憾的是，這世界距離改變的時刻仍舊很遙遠。因此，我們只期待男人能達到他們所要求女人的程度即可，真的只要相同的程度就好。至於那是到什麼程度呢？我想，對女人的要求向來都很過分的你們應該最清楚吧。

　　我這麼一說，想必又有人會追究為何不能物化女性，卻可以盡情物化男性，並高喊這是雙重標準。假如要說明原因的話，必須從資本主義理論、社會賦予男女的傳統性別角色，講到兩性間不平等的權利結構（性別權利），要觸及的議題可不是一、兩個而已。然而，我並不期待說出這種話的人會想聽我長篇大論，所以如果濃縮成一句話來反問他們，應該會是：「好東西難道只有你們能享受？」

3 不要被眼前所見限制住

（因為我個子看起來比較小）
不要穿高跟鞋。

（看起來太強勢）
不要穿高跟鞋。

（妳如果穿高跟鞋導致腳痛，
我會因為沒有車載妳回家而自責，
我也擔心妳因此認為我是沒能力的男人，
所以讓我有這種想法的妳很壞。）
不要穿高跟鞋。

~月

噗滋—

幻想 現實

幻想 現實

幻想

現實

請不要混淆。
麻煩認清現實。

嚇，那個女人……！

沒穿內衣……！

還露出腋毛……！

可是她化妝了……！

那應該是……。

某次與朋友一起走在路上，

某個人從身邊經過。

朋友看見那人頂著短髮、

身穿寬鬆帽 T 搭配運動褲，

牽著小狗散步的樣子後問道：「他是女人還是男人啊？」

我回答：

「這很重要嗎？」

試圖去判斷人家是男是女、是什麼性別、

穿什麼衣服、做什麼事的行為，

請到此為止吧！

4 妳，和其他女人不一樣

妳喝什麼酒呢？
我來猜猜看，
是格Ｘ菲迪威士忌對吧？

格Ｘ菲迪呢……溫和又甘甜，的確適合
女生或新手喝……但是威士忌本來是
男人在喝的酒，不是嗎？（呵呵）酒就
是要有煙燻和濃厚的味道才好喝吧？

不過喝酒也不是只品嚐味道而已～
也是喝氣氛的嘛～
其實在還有禁酒令的20世紀初呢……

先生，之前已經跟您警告過，
假如再這樣的話
我們不會再歡迎您來了。

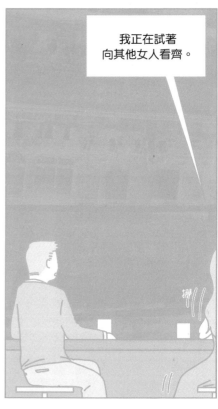

Q. 請解讀男人說的話

比起聰明的女人，
我更喜歡明理的女人。

A.

明理的女人（名詞）

（比男人）更博學、更能幹、更有錢，但不會表現出來
（讓男人）不覺得受到威脅
（男人）即使無知也不指正
（讓男人）不覺得自己正在被說教，要以溫柔的方式開導他
（對於男人的）所有言行舉止，只會以「哇！」、「這樣啊！」、「真的嗎？」、「好棒！」等詞彙回應的女人。

因為妳是韓國女人，所以我喜歡妳

　　大約六、七年前我還在國外留學時，曾經有一位新加坡男友。比我年長四歲的他，外表雖然不算帥，但因為喜歡他善良老實的樣子，於是先向他告白了，很快地我們開始交往。交往大約一年的時候，我就像其他陷入熱戀的人一樣，問他為什麼喜歡我？

　　可是他卻給了我一個，無論在當時、現在或未來，我都完全無法想像到的答案。

　　「因為妳是韓國女人，所以我喜歡妳。」

　　韓國女人？啊，我是知道他喜歡 K-POP，是因為這緣故所以喜歡我嗎？不對，這兩件事有什麼關係啊？

　　「這是什麼意思啊？」我問道。男友露出得意的笑容回答了：「新加坡女人太倔強了，她們對成功的欲望太強烈，所以都不結婚，還把男人看成競爭對手，光用『可怕』都還不足以形容她們。可是我們男人不但要當兵，和那種女人交往約會我們還要付錢，這不是很不公平又自私嗎？」

　　咦，這言論好像在哪聽過好多次？

　　但是當時的我正受制於「性別刻板印象」的框架，所以連那句話是什麼意思都摸不著頭緒。我習慣性地點了點頭，看見我的反應後，他挺起胸、摸摸我的頭髮，接著說道：「但妳不是

這樣啊，因為妳是韓國女人，漂亮、溫柔又聽話，妳和那些新加坡女生不同。」

那時年僅二十一歲的我，懵懂地點點頭。當然，假如是現在，我會背出新加坡性平等指數和薪資落差，大肆地數落他一番。這傢伙，算你好運。

後來和那男人的結局是，當我因為得到了英國的實習機會而高興不已時，他放棄了學位，要我去他所在的新加坡，還說雖然他沒房、沒工作，但妳來的話總會有辦法吧。聽他這麼一說，我忽然覺悟到，啊，這實在太不對勁了，於是乾脆地和他分手了。

現在想想，這件事太令人毛骨悚然了。依據世界經濟論壇（WEF）的「全球性別差距報告」，我和他在2012年認識的當時，新加坡排名第55名，韓國位居第108名，他竟然對女性平等指數差距不只是5名！！也不是差3名！！而是落後新加坡整整53個名次的國家的女人說：「因為妳是那個國家的女人所以我喜歡妳。」這句話背後的動機，不是再清楚不過了嗎？

到了2018年的報告，新加坡上升至第24名，韓國跌至第115名！幾乎相差近90個名次！

我前男友的故事對很多女人來說應該不陌生。

我們不也曾看過很多無法打從心底為女友、配偶的成功開心的男人，甚至還因此妒忌、企圖踐踏之的男人，或是會懼怕成功的女性、受歡迎的女性、強勢的女性的男人嗎？也許這例子扯太遠，不過這性別的人甚至曾經只因為英雄電影中的主角是「強悍的女人」，於是在電影未上映前就以負評洗版。

　　一想到這現象不限於特定人種的男人，而是瀰漫在全世界的氛圍，就令人驚駭至極。韓國的男人會戲稱日本女人為「壽司女」，部分人認為日本女人不會對男人大小聲、態度溫柔親切。出了亞洲，到哪都有對東方女人投射「比我們國家的女人」不具威脅、更溫柔，所以我喜歡的東方幻想的「洋男」。（呃，怎麼說來說去遭殃的都是東方女性……）

　　唯一能肯定的是，那些覺得受到與自己一樣傑出，或比自己更傑出的女人威脅的男人，在他自己的國家裡一定是個很不起眼的男人。

　　他們僅有的只是一邊一顆的睪丸罷了（啊，這用詞太極端了嗎？但這種男人的雞X真的都很小）。因為自己沒有能力、沒有財力、沒有魅力，於是撻伐、蔑視擁有這一切的女性，為她們貼上各種標籤，企圖加以控制。我們就活在這種男人所打造的社會裡，一直過度地貶低自己。

因此，他們所謂的「妳和其他女人不同」絕對不能解讀為「妳很特別」的意思，這點我非常確定。不信的話，就請他們具體說說看是哪邊不同，答案大概會和我前男友的回答差不多吧？

　　如果非要解讀一下他們說的話：

　　他說「妳不像其他女人那麼庸俗」，意思是要妳諒解他的窩囊。他說「妳和其他女人不同，比較聽話」，所以別頂撞他的意思。他說「妳和其他女人不同，很喜歡吃湯飯」⑦、「妳對我媽媽很好」、「妳不奢侈」等這些話，都是為了按照他希望的方式來控制妳，這是一種情感操縱。

　　請務必認清這種掌控女性的手段，只能證明他自己是多麼的微不足道。

　　所以別再甜言蜜語了，你們就誠實地說出來吧。

　　說出「因為妳很好騙所以我喜歡妳」這句話。

譯註⑦：許多韓國男性認為女性普遍喜歡吃昂貴的義大利麵勝於傳統湯飯，因此喜歡吃湯飯的女性，會給人較節儉、樸實的印象。

5 因為專屬，所以特別

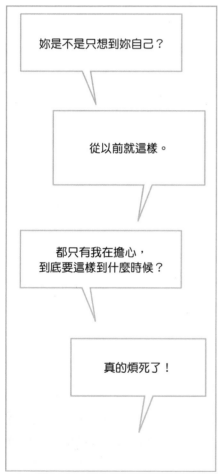

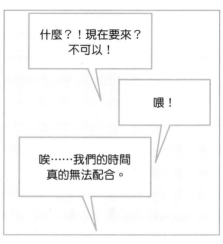

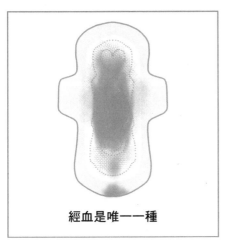

經血是唯一一種

不危害任何人
也沒有人受傷
就會流出的血

同時也是唯一一種

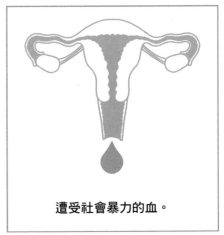

遭受社會暴力的血。

框架外的我，就是這麼可愛

妳為什麼穿尿布來學校？

月經？那不是藍色的血嗎？

今天月經又來？
昨天不是來過了？

月經來不能忍一下嗎？
老實說，妳是不是
不想上床才說謊？

女生真好～還有生理假。
月經真是個好東西～！

生過小孩的女人
為什麼還有月經？

女人從10幾歲起後
約莫40年的歲月中，
每個月平均有一周時間，
下體會24小時不受控地
持續流出鮮紅的血，

假如不徹底讓小孩瞭解
這無比痛苦的過程，
他們將會成長為
說出上述可怕言論的大人。

崔代理，你不是說
已經處理這份文件了嗎？
為什麼它還在桌上啊？

這樣的話
會讓別人很困擾！

閔珠妳今天
為什麼特別兇啊？

難道⋯⋯是那一天到了？

沒錯，就是那一天。

你離職的那一天。

難道⋯⋯
是那一天到了？

致我親愛的胞宮

嗨，我的胞宮。

有時我會沒來由地往嘴裡塞進三顆平時不喜歡吃的馬卡龍、莫名其妙地想嚎啕大哭，或在凌晨三點突然想傳簡訊問前男友「睡了沒？」然後一看月曆，啊，確確實實地感受到你的存在。因為身為女人而必須面對這種賀爾蒙起伏，這事實儘管令人惱火，但還能怎麼辦？啊啊啊。（請體諒我一下，因為寫這篇文章的當下，我的下面正嘩啦嘩啦地流著血）每個月要經歷一次的妳，也真是辛苦了！

沒錯，不久前我還稱妳作子宮吧？但是妳知道「子宮」一詞的「子」是兒子的「子」嗎？是代表「懷著兒子的家」的意思，也就是有著根深柢固重男輕女思想的一個單詞。所以我決定以代表「懷著細胞的家」意義的「胞宮」來稱呼妳。可能有人會說，寫「孩子」的「子」也可以啊、有什麼差別嗎？但是既然沒什麼差別，那我叫你「胞宮」也沒關係不是嗎？其實我也還不習慣這麼說，不過以後會漸漸改口吧！

同理，最近也努力以「月經」一詞取代「生理」、「魔法」或「大自然」等詞。當然，我們有「生理」這個廣泛使用（但沒人說得出口）的詞，但是「生理」一詞本來不是指生物的生

物學作用、機能的「生理現象」嗎？可是月經與噴嚏、尿液、糞便這類的生理現象不同，並不是說要忍就能忍得住的生物學機能，所以稱月經為「生理」似乎有點勉強。此外，它同時也是男人所沒有的生理現象。因此，我決定使用代表「一個月一次」意思的「月經」來稱呼。除此之外，也有人改以帶有「純淨的血」之意的「精血」來指稱月經，總有一天也會慢慢地習慣這個詞。對，我知道，這還真讓人心累對吧？我也是這麼想。（既然說到人生很累這件事，我真的沒有生小孩的打算，所以能不能別再未經許可就隨時重新裝修啊？最近我很認真打聽該如何在妳裡面置入一個避孕器，所以請妳至少按照周期出現，我就會很感激了。）

　　胞宮啊，我們從出生那刻起就在一起了，雖然15歲之前感覺不到妳的存在，不過現在身體只要稍微不好、稍微過勞，就會看見妳發出的訊號，這時我才發現對妳的瞭解還是太少。老實說，我也是不久前才開始能大大方方談論妳，因為所有的女人過去都是以偷偷摸摸的方式認識妳。我也是最近才知道妳製造的血是如此炙熱的鮮紅色。雖然每次性行為後，如果月經稍微晚一點來潮，我就會求上帝、求佛祖、求阿拉的，但是我知道唯一能信任的也只有妳而已。妳一直都很辛苦。儘管我總說

妳很煩、想把妳摘除，咒罵為什麼身為女人就要受這種苦，可是我相信妳知道我是因為太痛了才會如此吧。妳知道我是愛妳的吧？

因為太珍惜妳、因為意識到我必須珍惜妳，所以現在會吃乳酸菌、生病就會請假、服用止痛藥，連衛生棉也換成了有機棉材質。那些要妳更努力、更堅持的人，都叫他們滾一邊去吧！哇，然後經痛果然就減輕了。

我打算下次要挑戰使用月經杯看看。好，等我試用的時候再寫信給妳。在那之前就拜託妳了，請妳健健康康的。

拜拜。

親愛的妳身體的主人 上

6 換位思考看看

唉呦，吵死了～

俗話說
「三個男人聚在一起
就能弄破盤子」⑧ 啊～

你沒聽過「公雞鳴叫，
家門不幸」⑨ 嗎？
男生說話怎麼能大聲到
隔壁都聽得到？

總之，以前的人說「男人
和明太魚每三天就要打一次」⑩，
這話真是一點也沒錯。

人家說本來「女婿在娘家的生活
就是要裝聾三年、作啞三年」。

要把自己當作是死了一樣。

譯註⑧：原俗語為「三個女人就能弄破盤子」，形容女人聚在一起嘰嘰喳喳，相當吵鬧的樣子。
⑨：原俗語源自「牝雞之晨，惟家之索」，比喻女人專權亂政。
⑩：原俗語將馴服女人比喻成拍打明太魚，每三天打一次才會順從。

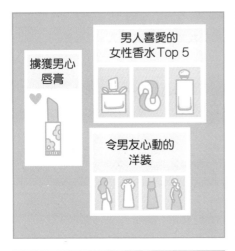

擴獲男心
唇膏

男人喜愛的
女性香水 Top 5

令男友心動的
洋裝

雖然很討厭
每天都必須看到這種廣告

但更討厭的是
點開這些廣告的我

這是我的風格

以及只因為這種原因
而討厭自己的我。

譯註⑪：「掙脫馬甲」為近年韓國女權運動相關詞彙。馬甲指的是由社會強加於女性的性別框架、傳統觀念或偏見等，而擺脫這類傳統束縛的思想或行動即是「掙脫馬甲」。

女人的選擇
總是無時無刻受到質疑

我們沒有權利

恣意批評、干涉其他女人的選擇。

但是，假如有其他的路可走，

我們只能告知她、鼓勵她，

替她加油。

Part 2

這世界有很多令人不滿的地方，
但只要我們團結一致，
就能對抗全世界！

別因為「部分」男性的行為，

就把所有男人都劃上等號！

散播在外的偷拍
色情影片就有3000支。

還有被偷拍的
受害女性自殺。

你的家人、朋友
也可能成為受害者。

就是說啊，誰叫妳
要玩妳的鮑X？

是XX女系列耶
（科科）

求影片網址。

聽說是主角的遺作（科科）

偷拍女友.avi

我自己拍的
熟女影片上傳了。

「一即一切，一切即一」

個體即是全體，
全體亦是個體。

當男人不是性犯罪者時

怎麼能把男人
全當作潛在性犯罪者！

當男人是性犯罪者時

男人本來就都是狼啊～

當男人是性犯罪受害者時

無論犯下這種凶惡罪行的人
是男是女，我們絕不姑息……

當男人不是性犯罪受害者時

欸？

※因前所未聞，導致大腦過載

當女人不是性暴力受害者時

女人受害的話很正常。

當女人是性暴力受害者時

女人受害就是活該。

當女人不是性暴力加害者時

女人才是加害者。

當女人是性暴力加害者時

無論犯下這種凶惡罪行的人是男是女，我們絕不姑息……

car poll（共乘）

為了節省交通費，
汽車駕駛與目的地相同或
同方向的乘客
共乘一輛車的交通方式。

出處：標準國語大辭典

小姐要去哪？
怎麼穿這麼漂亮？

幾歲啊？

要不要
跟叔叔去兜風？

哎喲，
開進去那裡
很難出來耶。

刷卡？
沒現金嗎？
現金？

只有上下班才共乘，路上多
了聊天的對象所以還不錯。
又能多賺點外快！

我只要載女生就好～

反正她也離不開位子
可以拚命搭訕

順利的話再要
個電話（科）。

這根本相親啊，
好爽！
叫我專心開車就好？
把我當你的專用司機喔？

這兩種
我絕對都不搭。

……但是XX夜店事件的被害女性行蹤不明，導致調查陷入膠著。

發生了這種事，結果被害者本人連個影子都沒有耶？

應該要理直氣壯地站出來說出真相啊，如果自己很清白，為什麼不肯出面？

就是受到你們這種傢伙的迫害才躲起來了吧。

因為身為女人

而必須遭遇這些事
雖然很令人難過

不過更難過的是

ME TOO

現在已經見怪不怪了。

ME

男人啊，你們別活成這副德性

　　這段日子，每天都因為那些社會上有頭有臉的男人所犯下的性暴力一一被揭露，而感到疲累無力。而他們的犯罪事實會如此令人震驚的理由是，這些人並非大眾普遍認知的「潛在犯罪者」，也就是說，他們不像是對社會、對人生心懷不滿的廢物。他們不是長得帥、有錢、有才華的男人嗎？坦白說，擁有這般社會地位，和他們兩情相悅的女人應該是要多少有多少，究竟是出於什麼原因，需要以下藥、性暴力、偷拍並散播影片等犯罪手段來對待女性？我對於這之間的落差實在難以理解。

　　聽到了我的疑惑，朋友答道：「那叫作權利的滋味。是掌控（性）關係的過程中獲得的快感。」

　　他們學到了男人只要成功，女人便會隨之而來的道理。在男性的世界裡，女人與戰利品無異，這是從幾十年、幾百年前便存在的男人的文化。贏得戰爭時，勝利的一方會帶回金銀財寶、奴隸以及女人。然而這個世界已經變了。當他們實際進入社會，卻發現與先前認知的不同。男人以為只要用功讀書、進入好公司工作，女人就會一個個跟著來，只要「勝利」了，女人就應該要害怕，但是卻得不到女人的青睞。由於以男人的常識實在難以理解如此大的落差，因此採取了不知從哪學來的骯

髒手段——花錢買女人、下藥、以暴力攻擊、利用地位來踐踏女人等各種方式,來脅迫女人、殺害女人。

這是人之常情,只要是人都會有這種齷齪的欲望。可是為何要以影片留下那令人作嘔的真面目,惹出這些風波?但是,大家是否想過,那些證據其實正是這一切的過程與目的?

他們未必是因為厭惡女性或為了報復而拍攝影片(所以我認為不適合稱之為「色情報復」)。男人間總是充斥著這種對話:「我上過她了。」那其他男人怎麼回答?他們會說:「少吹牛了。」然而隨著時代變遷,現在已是個相當容易證明(?)自己的時代了。如同有人在獵捕動物後,會站在動物屍體前拍照一樣,拍下影片是在炫耀自己的「實力」。

無論是多麼有成就的男人也適用這個道理,否則那些知名藝人、企業家、政治人物、電影導演與詩人為何會這麼做?為什麼如此拚命?因為他們想炫耀自己掌控女性的權利有多麼了不起。對他們而言,加害女性的所有行為,都只是更公然地玩起集團犯罪的遊戲罷了。

那麼要歸咎於養出了這些男人的社會嗎?別開玩笑了,竟然好意思推卸責任?

責任是在於那些男人身上。這完完全全是那些甘於同流合污、聚在一起嘻嘻哈哈的男人的責任。你們也同樣是罪犯、加害者，你們這些骯髒、沒用又卑鄙的傢伙。什麼？你說你沒做過那些事？好啊，那你又做了什麼好事？要我幫你拍拍手嗎？

　　男人啊，從現在起你們給我清醒一點！

　　那不是權利，那不過是你們扭曲、幼稚的炫耀欲罷了。你們空虛的內在與強烈的自卑感，是無法因此得到滿足的。請別以這種方式取得其他男性的肯定。憑你擁有的才能，你可以從事更有生產力的事情。拜託請你們在成熟的人際關係中享受正常的樂趣吧！

　　天使般的我，會祈禱你們男人能夠這麼做。

　　當然，是等你們吃完牢飯以後。

先生。

嗯？

你的卡片掉了。

啊，謝謝。

小姐。

怎樣？幹嘛叫我？

我該回頭嗎？

如果找我麻煩的話怎麼辦？

他突然打我的話怎麼辦？

如果他是跟蹤狂怎麼辦？

如果他從以前就跟蹤我的話怎麼辦？

我的手機還有電嗎？

112……
112……！

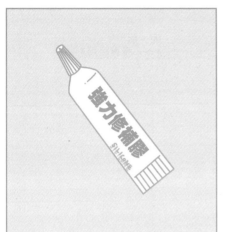

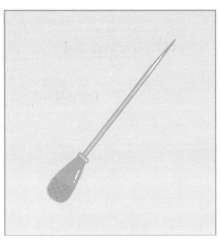

為什麼「我們」必須做到這地步？

你們明明知道

你們明明知道
女人在社會上遭受歧視、
這世界唯獨對女人殘忍、
有玻璃天花板，不對，
有水泥天花板的存在。

你們明明知道
每一天、每瞬間女人有多麼憤怒、
多麼膽顫心驚、吃盡了多少苦。

而你們只是裝作不知道。

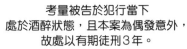

考量被告於犯行當下
處於酒醉狀態，且本案為偶發意外，
故處以有期徒刑3年。

嘁～如果妳不是女人
我早就揍妳一拳了。

※真的遇到男人卻不敢揍。

一定是先做了欠揍的事
才會挨打啊。

遇見忤逆自己的人,
隨時都做好打人的準備。
※潛在罪犯

該打所以挨打

作詞：閔瑞瑛

如果我寫了這些
又有人要罵臭婊子死Femi [12]
老調重彈你不膩？
一樣的話你說不膩？
難怪活成這個樣子

提OECD統計 [13] 有什麼用
提個水桶就說我好委屈
約會不是AA制就森七七
普妹醜妹花你錢也爆氣
死掉的受害者不分男女
打人的兇手卻都是男人
卻要人別把你當潛在犯人
你怎麼連活人死人都分不清

怎樣？你也打我啊來打我啊

譯註[12]：即Feminist，韓語中對女性主義者的簡稱。
　　　[13]：根據經濟合作暨發展組織（OECD）報告，韓國男女薪資差距達到
　　　　　　OECD國家平均值兩倍以上。

讓我先挨打再開始說嗎？
以為是男人就可以打人吧？
你說說動手打人是對還是不對？
從一開始就學壞啦！

真是越來越放肆
妳這女人怎敢對我大聲說話？
妳這女人還不給我端莊一點？
妳這女人妳這女人妳這女人
X的你這男人

生來就聽人叫你王子
還真的以為自己是Prince
砍下王子的腦袋瓜
是我們坐上了寶座
you think this is game of throne?
no you are under my throne.

我的詞押不成韻
這不是 Hip-Hop
但是請見諒
我厭倦了「把妳雙腿打開開」[14]
這種如男人雞X一樣的歌詞
所以我不聽本土 Hip-Hop
女人活在世上本身就是 Hip-Hop

說了這麼多還不明白我是誰？

我是昨天被毆打致死的女人
我是前天被強暴的女人
活不像活死不像死的女人

我是你們以前沒殺死的
那女巫最了不起的女兒

譯註⑭：曾有知名男性饒舌歌手寫過「像去看婦產科一樣雙腿打開開」這句
　　　 有爭議性的歌詞。

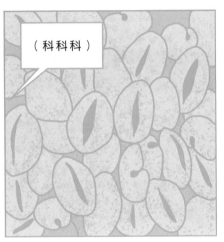

我來了～

欸，妳……
（科）沒事。

什麼，怎樣？

沒什麼……（科）
啊～真是（科科）

吼，X的，是怎樣？

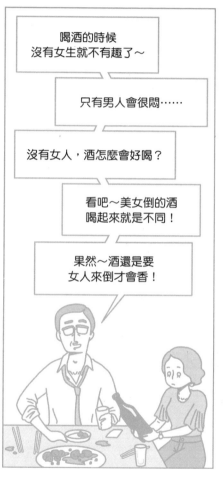

此時已無言以對。

對話到此為止,
我會讓你永遠安息。

「難纏女子」宣言

　　某天因為學校的課業，參加了外面的讀書會。一抵達讀書會場所，其中一位男性已經到了，於是我走上前向他打招呼。這時，他的眼神將我從頭到腳打量了一番，從我放下包包到坐下的那刻，他不斷地竊笑。

　　「為什麼要笑啊？」

　　聽我這麼問，他搖搖頭表示沒什麼，什麼事都沒有，但是他並未停止偷笑。過一會我明白了，他看見我就笑的原因，正是因為我的穿著與名為「N號女」偷拍影片主角的打扮相似（但希望別因為看了這篇文章就去搜尋影片）。

　　我並不是因為那位男性、那個男人把我和偷拍影片裡的女人聯想在一起而生氣，而是因為他看了我的穿著後，竟馬上想起「偷拍影片」。他不把我當作「我」來看待，而是把我當作投射自己情慾的對象，甚至在我面前毫不掩飾地表現出來。

　　不僅僅是他而已。還有那些經常把「我吃了她」這種話掛在嘴邊，或是幫路過的女人評分，認為自己有權利對一般人和藝人品頭論足的男人；只要看見有一點像女性生殖器的物體，便樂得喀喀笑的男人；公司聚餐、外出旅遊時，為了要去買春，以「外面很危險」為由將女人支開的男人。甚至有男人彼

此握手時，會以手指搔對方手掌，作為邀請對方「下一輪到有女人陪酒的酒吧」的暗號。

真的是齷齪到極點。說真的，你們能過正常的生活嗎？

最令人髮指的，是他們如此赤裸裸地表現出自己醜陋的面目，並認為他們可以這麼做。女人別說是表現自己醜陋的一面了，連坦誠地表達自己的欲望都是禁忌。

你們以為我們都不知道嗎？不對啊，假如不希望別人知道，就應該要徹底保密，但自己的大嘴巴卻全都說了出來。你們以為說出來後能得到什麼好處？是對方的理解？共鳴？你們得到的只有鄙視罷了。

我在過去也曾自以為瀟灑地和他們一起談笑，以類似「對啊，這好像女生的那邊喔」、「記得戴套喔」的話回應。我以為這麼做很酷，但現在才知道並不是如此。附和那些男人的意見，讓我也成了加害者，而且對他們而言，我不過是他們品頭論足的對象之一罷了。

既然認清了如此齷齪的世界，我可以做些什麼呢？

可以搶走他們的話語權。看見男人喀喀笑個不停時，逼問他們到底在笑什麼，並當面駁斥他們這有什麼好笑、指責他們

怎麼能在做了這種骯髒事後卻完全不感到羞愧。此外，也要將男人犯下的縝密惡行告訴更多女性，讓她們認知到姑息這種行為一點也不「酷」，而且可以對這些齷齪的行為憤怒。其實寫這篇文章正是其中的一環。

　　老實說，我也曾想過能做的只有這些嗎？可是至今仍沒有更好的法子。最快、最徹底的方法是修法、提高罰則，然而看見新聞報導和判決結果，我認為這條路依然很遙遠。但多虧了無數願意為此發聲的女性，男人們行事變得更小心，情況正在一點一滴地改變中。

　　沒錯，未來我會對你們更加苦苦糾纏，讓你們知道自己是多麼丟臉的人類。

那些擔心女人
會看男廁偷拍影片的男人啊，

你們的小雞雞、長滿痘子的
屁股和排泄物相當骯髒。

女人根本也沒興趣知道
你們在何時、何地做什麼事情。

而且不僅是你們本人，
連你們認為女人會對這種事
感到好奇的想法，我們都同感厭惡！

鬢角是男人的自尊

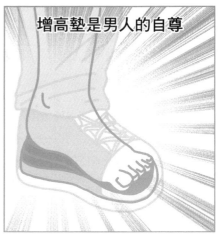

增高墊是男人的自尊

……男人的自尊！

究竟什麼才是男人的自尊？

如果在入口網站搜尋「男人的自尊」，

將會發現五花八門的結果。

鬢角、肩膀、那話兒，從頭到腳全都代表他們的自尊。

甚至連汽車、手錶、增高墊，也全都稱作「男人的自尊」。

但是如果搜尋「女人的自尊」，

就會出現誘惑男人的女人、藉著誘惑男人得到了昂貴的禮物，

以及因為那些禮物受到其他女人的忌妒，

這些叫做「女人的自尊」。

到底為何差這麼多？

自尊心，是肯定自我的想法。

源於自我的自尊心

與源於他人的自尊心，

有著根本上的不同。

假定前者的目的是為了打造完美的自己，

那麼後者還能稱作是自尊心嗎？

話說回來，只依存在物質上的自尊，究竟是什麼東西？

餐桌禮儀造就一個人

　　這是一位認識的姐姐告訴我的故事。

　　某天，正和男友一起吃飯的她，吃著吃著，突然放下手中的餐具，就這樣離開座位，然後頭也不回地走了。說到這，有人可能會問這是什麼無禮的舉動啊？但事實上真正無禮的人，是她的男朋友。

　　她說，當時沒人在追著他跑，也不是在比賽誰吃得更多，他卻狼吞虎嚥地把飯塞進嘴裡，她實在不想看到那副德性。男友不僅不顧對方吃飯的速度，也沒有任何對話，只是完全沉迷於「攝取食物」的樣子，讓她分不清眼前的究竟是個人，還是一頭禽獸了。當然，也許男友那天特別飢餓，或是因為非常疲累，所以只專注在吃飯上。雖然姐姐說他「那天尤其如此」，卻露出彷彿已見過那模樣無數次的眼神。

　　其實從一個人的吃相能讀出很多東西。

　　我想說的並不是類似「拿不好筷子難道就不會吃飯嗎」[15]這句歌詞的話。吃飯前後說「開動了、吃飽了」的禮儀，每個家庭習慣有可能會不太一樣。我指的是吃飯時會發出吱吱喳喳聲響的人、吃到兩頰塞滿食物像隻倉鼠的人（但絕對不像倉鼠那般可愛），或是彷彿在和誰比賽一樣，貪心地把碗盛滿飯菜的人。

譯註[15]：韓國饒舌團體 DJ DOC 的歌曲《和 DOC 一起跳……》（DOC 와 춤을……）中的歌詞。

不僅是吃相，從用餐前後的樣子也能瞭解很多事。比如說在家吃飯的前後，他會不會將小菜從冰箱取出、放回去，以及吃完飯後（退一百步來說）會不會把碗盤、筷匙收拾到流理臺等等。又或者是在外面吃飯時，他會不會先鋪一張衛生紙再擺上筷匙、會不會去裝茶水，如果小菜不夠了，他會不會去補小菜或請人送小菜過來。上述行為我們通常稱之為「餐桌禮儀」。

　　（假如無論在家裡或其他用餐場合上，都不曾有過以上的記憶，那麼現在正是你該重新審視人生的時刻了。）

　　沒人會管你獨自吃飯時，是不是在飯上加了顆煎蛋，是不是一邊翹著腳，一邊用筆電收看Nxxflix，或者飯到底是吃進了嘴巴還是鼻子裡。但是和別人共餐時，就要看著對方、在必要時說說話、觀察對方的行為舉止，並配合對方、顧及對方。假如無法這麼做，也應該先取得對方的諒解。不要將共餐的行為，當作是單純的攝取營養，如果把它想成一種社交行為，會不會更容易理解？但或許正因為社交很麻煩，獨自吃飯的人才會越來越多吧。

　　無論男女老少都討厭和有這種習慣的人往來，但真正令我訝異的是，用餐禮儀如此奇特的人，為何大都是男人？

難道有人在後面追著你跑嗎？還是怕別人搶走你的食物？到底為何不能安安靜靜、細嚼慢嚥地吃呢？即便從遺傳學角度來看，那個必須追捕獵物、躲避天敵的史前時代，距離現在也非常遙遠了。奇怪了，真這麼猴急的話，那何必挖白飯吃？乾脆吃生米好了。何必用湯匙和筷子？不如用手吃飯吧（絕對沒有歧視以手吃飯的文化的意思，請別誤會）。儘管如此，他們還懂得挑出好吃的食物，一個個地放進嘴裡。到底究竟為什麼要這樣？

　　也許是因為生來就是男人的關係吧。因為是兒子、因為是男人，當然從來不須親自下廚，吃炸雞時也理所當然地占有雞腿，逢年過節時自然是坐在主桌，喝著別人替他盛好滿滿肉塊的湯，我在想，這些討厭鬼是否正是如此一點一滴培養出來的？他們是不是過慣了倍受「禮遇」的日子，於是把這一切視為自己應有的「權利」？因此，當他們感覺快被剝奪這項權利的瞬間——也就是和別人一起吃飯時——為了確保這項權利，而拚命地、下意識地貪吃（我仍樂觀相信他們貪吃的原因，應該不是出於「食物讓對方吃掉太可惜」的這種低級想法）。

　　好了，你們這些貪吃鬼，現在起該成為人類了。

只有你認為自己的吃相很有福氣。吃飯不該吃成這副鬼模樣，畢竟我們不是禽獸，我們吃的是烹煮過的食物。既然是人與人的關係，那麼和別人共餐時，就必須正眼看著對方說話，這是禮貌。代表你將對方與自己等同視之。也就是說，無論對方是情人、朋友或是同僚，大家都是拿著湯匙一起吃飯的人。

　　不只是吃飯的時候必須如此。觀察對方的態度，是身為一個有教養的人能夠做的，不，應該說是必須做的事。

　　拜託，我們都像個有教養的人一樣，好好吃飯吧！

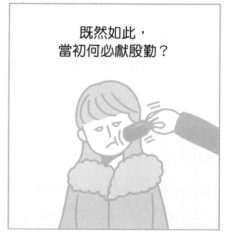

在科幻電影裡，
未來的女人都被替換成性愛機器人，

姑且不論女人單純被視為
性慾發洩對象這件事，萬一哪天
性愛機器人時代真的來臨了，

我們把被設計成很會做愛，也不用擔心約會暴力、性病或懷孕，說話不會語帶歧視，不在意女人滿足與否，只是自顧自地做完以後，連問對方「滿足嗎？」都不問一聲的性愛機器人拿來和男人比較的話，

可以被取代的是究竟哪一方？

男人之所以厭惡
已出櫃的男同性戀，

是因為他們很清楚
自己過去是如何把女人
當作意淫的對象，

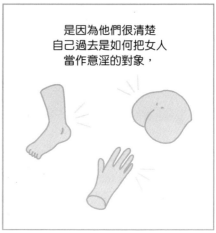

於是他們害怕
自己也成為那種對象。

真是自我感覺太良好。

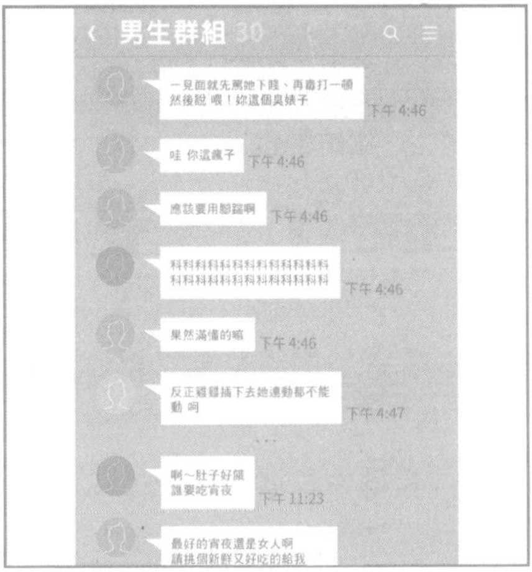
男生群組 30
一見面就先罵她下賤、再毒打一頓 然後說 喂！妳這個臭婊子
下午 4:46
哇 你這瘋子
下午 4:46
應該要用腳踹啊
下午 4:46
科科科科科科科科科科科科科 科科科科科科科科科科科科科
下午 4:46
果然滿懂的嘛
下午 4:46
反正雞雞插下去她連動都不能動 啊
下午 4:47
啊～肚子好餓 誰要吃宵夜
下午 11:23
最好的宵夜還是女人啊 請挑個新鮮又好吃的給我

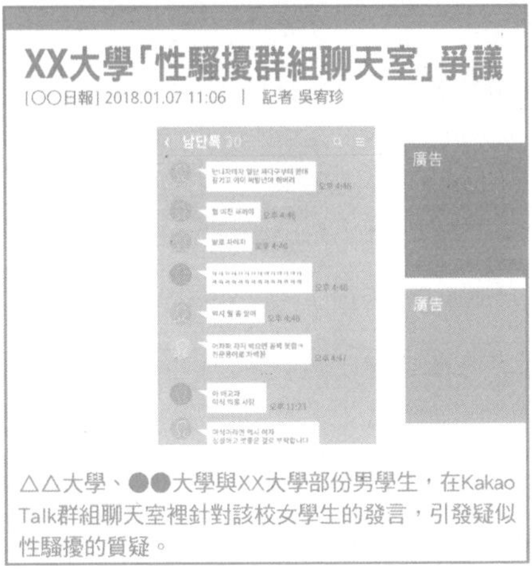
XX大學「性騷擾群組聊天室」爭議
[○○日報] 2018.01.07 11:06 | 記者 吳宥珍
남단톡 30
廣告
廣告
△△大學、●●大學與XX大學部份男學生，在Kakao Talk群組聊天室裡針對該校女學生的發言，引發疑似性騷擾的質疑。

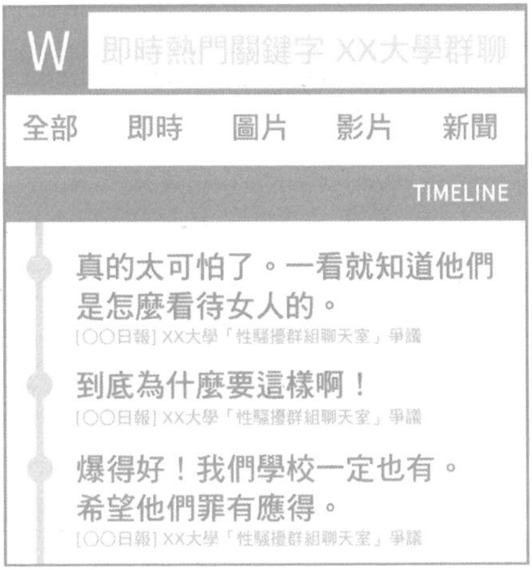
W
即時熱門關鍵字 XX大學群聊
全部
即時
圖片
影片
新聞
TIMELINE
真的太可怕了。一看就知道他們是怎麼看待女人的。
[○○日報] XX大學「性騷擾群組聊天室」爭議
到底為什麼要這樣啊！
[○○日報] XX大學「性騷擾群組聊天室」爭議
爆得好！我們學校一定也有。希望他們罪有應得。
[○○日報] XX大學「性騷擾群組聊天室」爭議

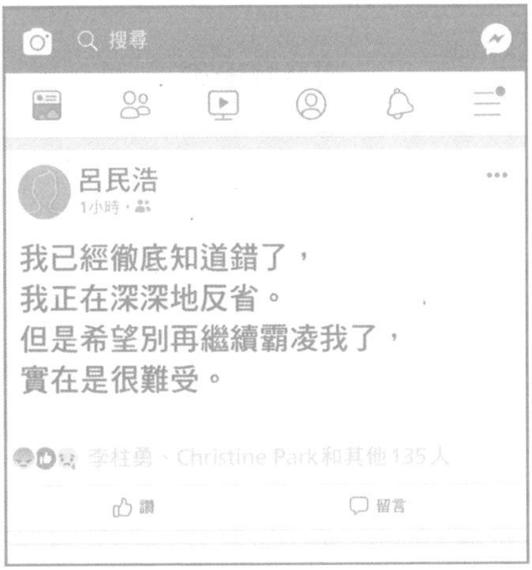
搜尋
呂民浩
1小時
我已經徹底知道錯了，
我正在深深地反省。
但是希望別再繼續霸凌我了，
實在是很難受。
李柱勇、Christine Park和其他135人
讚
留言

告群聊男子書

我也知道一個群組聊天室。

群聊的名稱是「求型號（化名）」，指的就是男人彼此分享A片時說的「告訴我型號」的那個「型號」（請原諒我必須使用假名，因為以前曾公開真實名稱而挨告，當然，最後是查無犯罪嫌疑）。

他們除了在群聊裡評論身邊的女人、分享A片演員裸照，甚至會聊自己買春、和交往中女人做愛的經驗與劈腿經驗等齷齪的話題，此外，我也知道他們會分享偷拍女生的照片、影片。群聊的成員還經常結伴出遊，旅途中整天都在談論買春的事，而且我很驚訝其中也有幾位有著「愛家男」名號的人。

我會知道這件事，正是因為有幾位同為聊天室成員的本人告訴我的。我還記得像是，某人經過江南的一間夜店，而且在那裡和另一個聊天室成員找樂子，或是他和已婚的某人在哪裡做愛的事。他們從來沒想過要隱瞞。當時我也覺得沒什麼大不了的，「男人難免會這樣吧」。但現在已經知道這非常不妥，他們是相當可惡的傢伙，我甚至討厭當初認為無所謂的自己。不過該反省的人不是我，而是那些行為不檢，卻還趾高氣揚的男人們的錯，他們才必須反省。

我也一度希望成為這集團的一分子。我以為那是權力，而事實上他們的確有權力。會這麼說的理由是，我曾因為有人批評我「最近很囂張」，就丟了工作、失去人脈。在他們眼中，我不過是被他們品評的物品罷了，這也是為什麼那些當事人可以告訴我他們幹的骯髒事。然而，這個「物品」竟敢表達她自己的意見，多可惡啊！不過他們又不能表現得太明顯，於是做賊心虛地質問「妳又有多清白？」，一面威脅要控告我妨害名譽，想堵我的嘴。他們可能心想，妳也不秤秤斤兩，膽敢破壞這個集團？

　　現在就讓我來告訴你們吧！

　　你們根本不值得我這麼做。我殷切地祈求你們自取滅亡，你們終究會因為太無趣而沒人愛、追趕不上時代，最後誰也不記得你們，然後慢慢凋零，變得一無是處。不對，其實你們已經走在這條路上了。

●ᵁˡˡ COMPANY 🛜　　　07:40　　　🔋

romeoohromeo
溫暖的家

❤ 💬 ✈　　　　　🔖

1765 Likes

romeoohromeo 早上7點30分起床。雖然早上的課是
10點，不過提早起床準備上學，洗完澡後出門。當然，我
不是用廉價洗髮精，至少要用魅X萱、可X絲這種等級的
吧！畢竟我的髮絲很珍貴。#bodystagram #害羞

●ᵁˡˡ COMPANY 🛜　　　08:04　　　🔋

romeoohromeo
溫暖的家

❤ 💬 ✈　　　　　🔖

365 Likes

romeoohromeo 開始化妝。我用的也是外國的高級化
妝品牌。高中畢業的時候收到雙眼皮手術當作禮物，現在
看起來已經定形了。但說起來現在雙眼皮手術也不算手術
了，是微整形啦，微整形！#粉底是_香X兒

譯註⑯：通常指無知、不成熟、勢利眼的女性。

romeoohromeo
溫暖的家

1667 Likes
romeoohromeo 因為妝化得比較自然,所以穿了白上衣配牛仔褲,畢竟我是大學生,不會化濃妝或穿得太露,那樣看起來太沒品味了!#dailylook #每日穿搭 #bodystagram

romeoohromeo
星巴克

455 Likes
romeoohromeo 把主修課本挾在腋下出門了。另一隻手拿著大杯的星X克焦糖瑪奇朵,感覺好像紐約客一樣。誰說星X克退流行了?#偷拍 #星巴克

泡菜~~女~~的一天

Part 3

因為身為女人，
所以覺得當女人很有趣！
要不要一起來當女人？

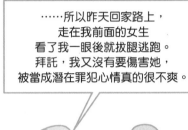
……所以昨天回家路上，
走在我前面的女生
看了我一眼後就拔腿逃跑。
拜託，我又沒有要傷害她，
被當成潛在罪犯心情真的很不爽。

你知道在晚上
傷害人的傢伙有多少嗎？
如果是我也會害怕。

但又不是所有男人都這樣，
不能一竿子打翻一船人啊。

結果昨天一篇貼文裡，
說女友要求他買價值100萬的
香X兒包包給她。總之
現在的女生根本全都是泡菜女啊～

是這樣嗎……並不是所有
女生都這樣啊，說是「泡
菜女」會不會有點過分？

而且香X兒
包包照現在
匯率算是
578萬韓圓

可是以前會創造出這種詞，
不就是因為
這種女生實在太多了嗎？

你是不是
腦子不太好？

大家來找碴

哇～就算社會再怎麼進步，也不代表妳這臭丫頭可以大剌剌地抽菸！

就是啊，
社會真的是進步很多。

在以前的年代
早就該躺在棺材裡的傢伙，
竟然都爬出來了呢！

男人討罵的方法

我不想去當兵、我當不了兵、兵役醜聞。

女人討罵的方法

當個女人。

我也想支持女性主義啊，
可是韓國的女性主義都變質了～

韓國的女性主義
怎麼了？

韓國的女性主義就是大女人主義啊～
不是真正的女性主義～

那真正的女性主義
又是什麼？

真正的女性主義不應該仇男啊！
像是 Megalia ⑰ 上的那種啊！

那 Megalia
又是什麼？

Megalia 就是……唔……那個？
這個那個這個那個……？

譯註⑰：2015～2017年間存在於韓國的女性主義論壇，由於網站上多有偏激的厭男言論，普遍被視為激進女性主義者使用的網站。

如果當了女性主義者……
最後結不了婚，
變成老處女的話怎麼辦？

是老處女又怎樣？

就，有的女生不是會這樣嗎……？
一個人叫披薩吃……
喝著紅酒……養貓咪……

根本是超棒的生活好嗎？

女性主義者的生活

絕對沒有男人的生活（Ｘ）
不是非得需要男人的生活（Ｏ）

老實說，我對女性主義者說的話大部分都很有共鳴，所以也想支持，

只是她們的遣辭用字、口氣有點可怕，讓人覺得很有距離。應該說，有點語言暴力的感覺？

Boiru～啊～奇檬子～

這泡菜女好像也吃女權自助餐，自私！

女人要每三天揍一次才香啊～

真正的語言暴力難道不是這些話嗎？

一個女人家的臉這樣能看嗎？稍微化個妝啦！

身材這副模樣，能嫁得出去嗎？

快結婚！快煮飯！快生小孩！快去賺錢！

如果說看了那些惡意留言後
一點感覺都沒有，那絕對是騙人的。

畫面另存PDF

搜尋ID名

雖然我也會
質疑自己是否真的做錯了，
才會招來這麼多辱罵。

金東宇
1982年5月14日生

手機號碼
010-XXXX-XXXX

我犯的錯，會由自己承擔，

撰寫訴狀

列印

咿～

網路犯罪
調查組

但在那之前，
必須先教訓你。

我要遞交起訴狀。

惡意留言雖然讓人難過，
但是不需要看得太嚴重。
仔細看的話，
其中一定會有值得參考的意見。

否則有可能會錯過
一些真心為了妳好的合理批評。

人家不是都說良藥苦口嘛～

這不是那些
連執照都沒有的密醫
用來騙人的話術嗎？

網路妨害名譽・侮辱罪 提告秘訣

1. 妨害名譽與侮辱罪差異 (此處指韓國法律)

妨害名譽：謊言、謠言
（ex. 聽說她是那種賤女人）／追訴權時效：無時效

侮辱罪：辱罵
（ex. 喂！妳這個賤女人！）／追訴權時效：得知受辱罵當日起六個月內

2. 三項必備條件

1）公開性
2）針對性
3）使第 1 項成立的要件
（ex. 在許多人可見的場所中發生，如社群網站、群組聊天室／「閔瑞瑛這個人嘛……」、「閔瑞瑛妳……」／第 1 項之內容）

3. 程序

▶ 發現當下即刻將畫面另存為 PDF，或以手機截取畫面、完整視窗畫面。

▶ 藉由搜尋查出發文者身分（搜尋用戶名、社群網站、電子信箱，利用 Naxxr、Google 等入口網站搜尋等），掌握其本名、電子信箱、用戶名、暱稱、手機號碼等資訊並全部截圖。

▶ 依據六何原則撰寫起訴狀（可於警察服務網公告欄下載）。

▶ 列印。

▶ 前往警察局（而非派出所）。

▶ 遞交給網路犯罪調查組。

▶ 遞交證據，並說明自己與此案關聯性、受到多大衝擊和侮辱。

→ 確認是否能夠提告。

♥ 即使文章遭刪除依然可以提出告訴。

♥ 雖然控告寫下惡意評論的人，並不能立即感到大快人心，但想到對方必須向學校、打工單位或公司請假以接受調查就很滿足。

♥ 對方的人生即將變得和我的人生一樣亂糟糟。

♥ 最有效的方法是尋求律師的幫助。

♥ 無論如何，先罵人的一方一定是錯的。

♥ 最好的辦法是別辱罵別人。請當個清白善良的人。

3 身為女人、因為是女人、畢竟是女人

其實不只是煮飯，
我也喜歡打掃、洗衣，
這些我也很在行的。

我也非常非常喜歡小孩，
我甚至覺得自己可能生來就
適合當主婦。

不過我討厭的是，
我所喜歡做的這些事情，

被當成「因為是女生」，
所以「當然」必須由我來做。

哇！逢年過節
就令人無言的家族！

逢年過節就無言？

既然已經見到媳婦了，
那現在該開始準備祭祖囉！

平常從來沒在祭祖，
有了媳婦就開始準備過節的
Star-up婆家！

功課好嗎？大學要念哪？
要去哪工作？年薪多少？
交男友了嗎？什麼時候結婚？
什麼時候要生小孩？

從來沒有給過我人生任何一點
幫助，卻總愛干涉我的親戚！

喂，起來了。
奶奶叫妳去煎餅了。

手連動都不用動，
就收到比我更多壓歲錢的
廢物堂哥！

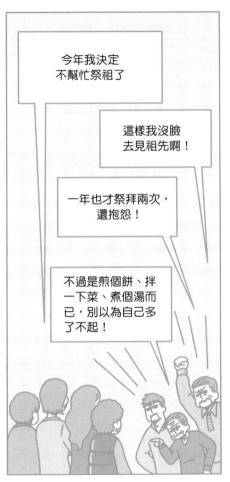

「天生的女人」並不是讚美

　　我的爸爸以前經常出差。某一次，爸爸一如往常地結束了漫長的出差後回到家，於是我久違地為他準備了早餐。雖然早餐只是大醬湯之類的東西，爸爸仍是欣然接受，也吃得很開心。那天正好是周末，是爸爸去探望我的外婆，也就是丈母娘的日子。

　　一到外婆家，外婆和所有的丈母娘一樣（也可以說和任何韓國人一樣）高興地迎接女婿，並問他吃飯了沒。爸爸雖藏不住心中的喜悅，但他仍隱約以一種中年大叔特有的語氣說「是女兒做早餐給我吃的。」於是外婆便回答「哎喲，你生了一個好女兒。」附和著爸爸。然而，爸爸接下來卻胡扯了一句：

　　「女兒幫爸爸準備早餐是應該的啊。」

　　聽見這句話，我就停下了所有動作，以冷漠的表情直盯著爸爸說：

　　「爸爸，我幫你準備早餐是因為愛你，不是因為我是女兒才做的。」

　　爸爸雖然不斷地辯解他不是那個意思，他很感謝我準備早餐，他很開心，但我依然不斷地挖苦他。我反問他這世界哪有什麼理所當然的事，什麼叫因為是女兒才做飯的，如果我是兒子是不是就不用做飯了？爸爸最後向我道了歉。

其實我也知道爸爸不是那個意思，他是以自己的方式向丈母娘炫耀。丈母娘的孫女、我的女兒是這麼愛我，幫我做早飯。呵呵，她很乖吧？長很大了吧？我瞭解這只是一種玩笑話，而且我也明白那句話裡的「女兒」並不是重點。

　　可是這對我非常重要。

　　我相信言語是有力量的。說話的人、聽話的人，都會相信說出口的話。因此，在那句話裡是不該出現「女兒」一詞的，後頭也不能接上「應該」一詞。如果在這強調的重點放在女兒的義務，那麼我就成了在父權體制階級底下的家庭中，幫身為一家之主的父親做飯、地位卑微的女兒了。不能如此對待因為出於對家人的愛，而親自做早餐的我的心意啊。儘管以結果論來看都是相同的，但是對我而言，其中的過程與解讀格外重要。所以我更希望爸爸對此是感激的，希望他不把我的心意視為理所當然。

　　為了做早餐這種小事，我可說是大鬧了一番。說我是反應過度、小題大作都無所謂。正因為這並不是一件「小事」，我才會拚命地又吵又鬧，這樣一來，下次發生類似狀況時他才不會再說相同的話。

　　事實上，我非常喜歡煮飯（很多人對此感到意外，但他人

的偏見我管不著)。我不只是喜歡吃自己煮的食物,看見別人津津有味地吃著我親手做的飯更是開心不已。除此之外,我也喜歡各種手工藝、刺繡等,熱衷於把我精心手作的小物當作禮物送給親朋好友。然而,我不會刻意告訴別人我有這些嗜好。

我不樂意讓人知道的理由,正好和這篇文章的開頭相呼應。因為在社會上,這些嗜好通常被稱為「女性化的」嗜好,我所喜歡的、擅長的事物,很容易被歸類為「女人才會喜歡的東西」或是「女人應該要擅長的事」。甚至還有人敷衍地稱讚「這很女人」,並暗自期待女人為自己服務,這種厚臉皮的傢伙比比皆是。喂,這叫做剝削好嗎?

以前曾讀過一篇文章寫道,烹飪、刺繡、編織等工作,因為是女人從事的工作而遭到輕視,對這句話我深有同感。男人煮飯的文化不也是近期才形成的嗎?女人做的事、女人付出的勞動,實在太容易被鄙視,我再也看不下去了。這是我的才能,是我這個人喜歡做的事。當然,只要我願意,我很樂意運用這些能力來取悅我所愛的人,但那也是我的選擇,而不是我的義務。我不希望這一切和「我是女人」這點扯上任何關係。

沒有哪件事情是應該由女人做的。

每次說「我喜歡帥哥」的時候，

其實也不是真的多想要帥哥啦！

但是用「我喜歡帥哥」這句話，就可以過濾掉覺得自己受到人身攻擊而暴怒的男人，

或是認為自己長得不好看的男人。

妳自己一個人住嗎？
住在哪裡？（哈）

老實說，我對會抽菸
或有紋身的女生⋯⋯嗯⋯⋯
有點那個⋯⋯妳應該不是吧？

我是一定要結婚的，
小孩打算要生兩個⋯⋯。
喔，但我不是要給妳壓力啦（哈）

這是「透過共同朋友介紹，
盡可能努力讓對方留下好印象」
的相親場合沒錯吧？

我不會煮飯，因為從小到大
父母都把我照顧得很好。

原本也有女友等我退伍，
不過我跟她分手了。

現在女生應該不太會被歧視了吧？
老實說男生還比較辛苦，
要小心的事很多……
啊，我說這些話沒關係吧？

沒關係，
反正我也沒在聽。

譯註⑱：幾年前在韓國網路社群上，曾一度流傳「妳知道關羽嗎？」這個問題可作為在相親
場合上判斷女方是否有常識、有文化素養的依據。此説法引起許多女性網友不滿，
甚至有人表示曾親身遭遇過。也有網友提供創意的回應，比如以《三國志》中經典
情節「溫酒斬華雄」為典故的「我在這杯茶冷掉之前回答你就可以了嗎？」就是其
中一個知名的妙答。

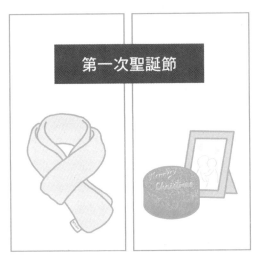

第一次聖誕節

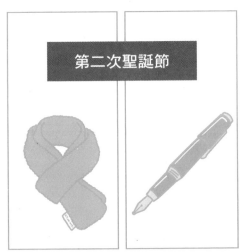

第二次聖誕節

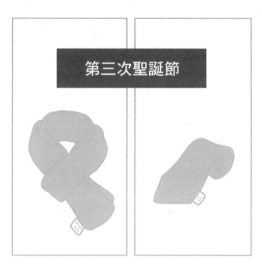

第三次聖誕節

我來……是怎樣？你還沒準備好嗎？

呃～那個～

因為外面很冷～而且這種日子不管去哪都會人擠人啊。

出門只會覺得很累，待在家裡不是最棒嗎？

這樣啊～

你待在你家，我也待在我家才是最棒的。

聖誕快樂，你這混蛋！

女性主義者可以談戀愛嗎？

很多人大概都料想到這點了吧——我非常喜歡男人。

我常開玩笑說，我這麼喜歡男人，怎麼會仇男呢？（男人們總是如此說我）其實這並不是玩笑，我是真的很喜歡男人。男人的體味、結實的骨頭或肌肉的重量，擁有這些我們女人所欠缺的特徵的男人，我是真心的喜愛。

以前某段日子裡，我有男友的時間比沒男友的時間來得更長，每段戀情的愛恨情仇簡直不亞於美劇，那些經驗甚至可以寫成專欄了。也許是出於各種心理因素，也許不是，或是被媒體所灌輸的戀愛觀所迷惑了——總之，假如不戀愛的話，我好像會死掉一樣。

然而，不知道從什麼時候開始，我無法再像先前那樣和男人交往了。我敢說那時期大概與我接觸女性主義的時間重疊。

自從認識女性主義後，我再也無法忍受說話缺乏人權觀念的人了。那些對人權毫無基本認知、每句話都以「女人就是要……」、「男人就是要……」為起手式的人，我從一開始就不想和他們打交道。而且，如果是戀愛對象的話，還希望長相有一定的美感、衣著必須乾淨得體。此外，更要確認對方是否會偷拍、轉發影片，確認是不是約會暴力的嫌犯！在一一挑出他們的問題點後，我已經無法滿足於「還可以」的對象了。

有女性主義者認為現代男女戀愛關係的結構是承襲自父權體制，僅朝著對男性有利的方向發展，因此主張「完全不該談戀愛」（出版第一本書時我也曾因為「無法放棄男人」受到不少非難）。

　　沒錯，不戀愛，也許有人能辦得到吧。

　　但我很確定那個人不是我！

　　我喜歡談戀愛！和我愛的人見面、對話、約會、牽手、擁抱、親吻和做愛！我想和我愛的人一起做這些事！作為一個異性戀者，我絕對無法不談戀愛。

　　所以我決定不隨隨便便談戀愛，我再也無法這麼做了。在瞭解女性主義之後，我才明白自己過去吃了多少虧，我才意識到自己其實是很不錯的女人、很不錯的人。因為我想要喜歡有資格和如此優秀的我交往的男人，我想要和有決心與我建立關係、盡情享受我的愛的男人談戀愛。事實上，我和某位前男友對女性主義看法的差異，就成為我們最後分手的導火線。現在男人光聽到我是《狂女的逆襲》的作者，便會嚇得急忙逃跑（這本書簡直像石蕊試紙一樣，哈哈）。

　　我不認為自己應該為了追求愛情而放棄當一個女性主義者。人類想要愛與被愛的欲望是無法輕易置之不理的。不過戀

愛終究是個人的選擇，重要的是，每個人在追求愛情時必須有所堅持。不浪費時間在沒資格的人身上、盡快重新振作並避免重蹈覆轍，難道不是身為一個女性主義者，和一位異性戀女性應當努力的方向嗎？可能有人會反問女性主義是否只是用來篩選男人的濾網，但是透過一點一滴的努力，女人的人生因此得以全盤改變，不正是女性主義的終極目標嗎？

反正世界正在變化，而無法和世界同步的男人，由於得不到青睞，只能遭到淘汰而消失。這正是男人口中大聲疾呼的自然法則──無保留價值的基因將被淘汰。避開這種男人，慢慢挑選、慢慢認識，遇見基因值得保留的男人就交往，必要的話，在適合的人選出現以前都不談戀愛，也是一種過程。

如今我已不再認為戀愛的目的是為了填補心中的某種空虛，反而是想專注在「喜歡」對方的行為本身，而且這必須加上對方剛好也喜歡我的超級好運！光是能談一次這種戀愛就已經很幸運了不是嗎？除了不戀愛、不婚主義者以外的人，都會期望能牢牢把握住不是「將就彼此」的，而是如中樂透般的愛情。換句話說，不是慣性的戀愛，而是戲劇性的、極度幸運的美好戀愛。

就這樣，今天又成了我月曆上那孤單卻不孤獨、沒有戀愛的日子之一。

問題1：在路上見到自己心儀的女性。此時男性應採取的正確行動是？

正解：什麼都不說。

問題2：深夜見到穿著清涼的女性。此時男性應採取的正確行動是？

正解：什麼都不做。

最近上班時間好像比以前晚喔？

喔，因為最近早餐都是我做～！

哎喲，等人侍奉早餐是一家之主的威權象徵耶，怎麼會由金兄你自己做？這樣有損你的地位啦～

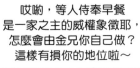

只是做個早餐就沒了地位的話，

那是不是原本就沒有這種東西？

不是啦，
我不是討厭燙襯衫，

而是……男人還有
面子要顧啊……

你在家裡幫我打理好，
我出門走路才有風啊！

所以啊，
你先尊敬我這個一家之主……
然後……

……對不起。

那是你的面子！

哎喲，不要這樣！

那是你的面子！

拿給你姐姐

男人進廚房的話吶，
雞雞會「咚」地掉下來喔～

所以那些大叔都是性無能嗎？

辦公室的電話
還是要讓女員工接比較好吧？
輕聲細語的～

現在到處講這種話
會惹上大麻煩喔。

崔小姐，今天漂亮喔～！
有什麼

現在到處講這種話
會惹上大麻煩喔。

現在到處講這種話
會惹上大麻煩喔。

現在到處
講這種話會…

吼，知道啦，
我知道了！
我不會講啦！

致找尋《狂男的逆襲》的你

　　我的前男友Y在和我交往前，是個對女性主義毫無概念的人。雖然他對於是非對錯的認知很清楚，也相當有邏輯，可是性別平等意識僅勉強達到平均「韓國男性」的水準。不過他在和我交往的過程中慢慢地改變了，像是戀愛時期他會送我女性主義相關的書籍，介紹國外知名女性主義期刊給我，和自行接受子宮頸癌疫苗接種等，他以自己的方式尊重身為女性的我。而在他的所有行動裡最令我滿意的，是他不再與「女性」爭論女性主義。

　　相反地，他會對其他男人說「別說這種話比較好。」包含他自己的朋友、職場上認識的人，或是在網路上遇到的非特定對象等。儘管這不代表他會直接發表和女性主義有關的文章或言論，但看到有人說了缺乏人權意識的話，他也常加入熱烈的論戰。他是個前鍵盤戰士，因為他無法忍受那些胡說八道的人，所以我能理解。至少他很清楚自己應該發火和開導的對象是誰。即使我們終究因為許多因素而分手了，不過基於這幾點，他真的是個很不錯的男人。

　　我的爸爸在這方面也是一樣。他是生於慶尚道鄉下人家、成長於大邱市中心的大男人中的大男人。但是他現在假如聽到身邊的「老異男」發表帶有性騷擾意味的言論，或開了性歧視

的玩笑，爸爸會馬上說「現在到處講這種話會惹上大麻煩」這句話來阻止他們。他不像一般中年大叔總愛開玩笑說「最近這樣講話會被『MeToo』嗎？哈哈」，而是真的會瞬間板起臉孔。原本一開始也會說「不過是個玩笑而已」的那些爸爸的朋友，如今言行舉止也變得越來越謹慎小心。至於仍然固執不肯改變的大叔，他甚至連見都不見了。想要制止這種人，不必和他們談女性主義的概念，也不須激烈地指責對方「你有臉面對自己的女兒嗎？」，只需要由男人對他們說「你現在做的事實在是非常丟臉」便已足夠。

出版第一本書時，很多人都問我男人要如何才能成為女性主義者？

坦白說，我認為無論是再怎麼「覺醒」的男人，甚至是精通女性主義理論的男人，也不會成為比起最反對女性主義的女人還更好的女性主義者，因為經驗是不同的。也就是說，光是擁有「陰道」與否所形成的內在差異，就是男人絕對無法體會的。

正因如此，正因為他們無法體會，所以我希望能有更多男人加入「kill joy」的行列。所謂的「kill joy」意即掃興、潑冷水的人。比如說，會主動積極做家事的男人、為了帶小孩而早早回家的男人，以及不參與仇女行動，反而會加以譴責、揭

發的男人。而大家是怎麼稱呼這些尊重女性的男人呢？不是會笑他們是妻奴、丟男人臉的傢伙、天下的孬種嗎？不是會咒罵說，你的行為讓人掃興、讓我沒面子嗎？不是會責怪說，你如果裝作沒事的話大家就可以一起「享受」，為什麼要公然地把祕密告訴女人？其實這些才是男人該做的事。

　　你想成為真正的「狂男」嗎？你想要反擊嗎？

　　那麼你的目標不該是女人，而是和你「一樣」的男人。

　　若不想和性騷擾女人、歧視女人、毆打女人與殺害女人的男人「一樣」，請你對和你「一樣」身為男人的他們說：「Not all men（不是所有男人都這樣）」、「別把男人都當成潛在罪犯」、「別一竿子打翻一船人」。這些話應該訴諸的對象，並不是女人。

　　男人只肯傾聽男人所說的話，這點對於身為女人的我來說當然很火大。可是又能怎樣呢？假如不這麼做的話他們就聽不懂。我並不認為男人是無論別人如何解釋也聽不懂的生物，我並不想看不起男人。我認為他們至少能正確分辨應該閉上嘴和應該發言的時機。請別讓女人的麥克風被搶走，請阻絕男人的聲音。我的前男友改變了，我的爸爸改變了，如同他們一樣，我相信你們也能改變。

　　男人啊，請成為天下的狂男吧。

創造美好未來

這是個只對讀者說的祕密：其實我並不想寫這本書。

　　實在是死都不想出這本書。不單純是因為我不想工作（可能多多少少是這樣沒錯），而是寫作期間，我在腦中不停自問「我為什麼要寫這本書啊？」

　　出版第一本書《狂女的逆襲》後，我立了一個小目標，就是希望大家未來不再需要我的書。我以為女性主義變得理所當然、性別歧視成為老古板的觀念，讓這類書被嫌棄為「過時」、「有誰要看？」的那種時代很快就會到來。然而第一本書出版也大約一年了，看見它仍舊擺在書店架上，身為作者的我儘管很高興，但以一個女人的立場來看卻很苦澀，我可以說是陷入了兩難。也許我的目標比原本預期的還遠大。

　　我創作《狂女的逆襲》的原因，不過是為了活下去而已。因為實在想不通，女人在世界上佔了一半人口，為何我們的人生必須和另外的一半如此不一樣，於是我寫出兩者間的差異罷了。可是我卻遭到那些無法認同女人哀切吶喊的人批判、鄙視、口誅筆伐，讓我同時嚐到深深的絕望與憤怒的滋味，不過這同時也成為我奮鬥的原動力。應該說我因此成了一個頑強的人吧？

多虧了他們，我再也不甘於將就著過日子。

我想要過好日子，我期望女人能夠過好生活。我這麼說的話，一定有人會質疑這是不是大女人主義，但是為何要這麼問呢？我又不是要大家來鬥個你死我活。

想以女人的身分過好日子，勢必有需要努力、突破的東西，當然也必須有所犧牲。但我認為最重要的是能隨心所欲地生活，畢竟在過去我們無法如此。以前只因為身為女人這個理由而做不了的事，全都要嘗試看看；以前沒走過的路、更好的路，也試著闖闖看，這是我們所能給予彼此的最好的鼓勵。反正又不是什麼犯罪行為。然而在這過程裡，要是你人生的變化劇烈到自己無法承受的地步，或是辛苦到覺得很委屈，那麼稍微停下腳步休息也沒關係，因為每個人都有選擇權。我們必須對自己、對女人更寬容一些，這句話也是說給我自己聽。我認為我們每一個人的奮鬥史，將匯聚成一道洪流，共同創造出新的未來。

為了述說那些故事，於是我又出了這本書。

看來往後還有很多可以說的故事。

我要向成為我支柱的家人，在我失去自信、遭遇困難時助我建立自尊的朋友、Jaedam Media 網路漫畫工作室裡讓我無後顧之憂的可靠夥伴，以及讓我盡情書寫的 Wisdom House 出版社的各位，致上深摯的感謝。

　　此外，我也要向那些持續寫下自身歷史的無數女性表達支持。

國家圖書館出版品預行編目（CIP）資料

框架外的我，就是這麼可愛／閔瑞瑛著；劉宛昀譯.
　-- 初版. -- 新北市：臺灣商務印書館股份有限公司, 2021.03
　192 面；14.8×21公分--（Ciel）

　ISBN 978-957-05-3305-7（平裝）

　1. 自我肯定　2. 生活指導　3. 女性

177.2　　　　　　　　　　　　　　　　　110001249

Ciel

框架外的我，就是這麼可愛

作　　者一閔瑞瑛（민서영）
譯　　者一劉宛昀

發 行 人一王春申
選書顧問一林桶法、陳建守
總 編 輯一張曉蕊
責任編輯一廖雅秦
封面設計一吳郁嫻
內頁設計一黃淑華

行銷組長一張家舜
影音組長一謝宜華
業務組長一何思頓
出版發行一臺灣商務印書館股份有限公司
　　　　　23141 新北市新店區民權路 108-3 號 5 樓（同門市地址）
　　　　　電話：（02）8667-3712　傳真：（02）8667-3709
　　　　　讀者服務專線：0800056196
　　　　　郵撥：0000165-1
　　　　　E-mail：ecptw@cptw.com.tw
　　　　　網路書店網址：www.cptw.com.tw
　　　　　Facebook：facebook.com.tw/ecptw

局版北市業字第 993 號
初版一刷：2021 年 3 月
印刷廠：鴻霖印刷傳媒股份有限公司
定價：新台幣 350 元